“遗”脉相承，老祖宗的传家宝

传统戏剧、音乐与舞蹈

丛书主编　王文章
本书主编　杨　坤
绘　　图　周博文怡　陈　丹
封面设计　管小辉

中国大百科全书出版社

图书在版编目（CIP）数据

“遗”脉相承，老祖宗的传家宝．传统戏剧、音乐与舞蹈／《“遗”脉相承，老祖宗的传家宝》编委会编．——北京：中国大百科全书出版社，2018.3

ISBN 978-7-5202-0228-2

Ⅰ．①遗… Ⅱ．①遗… Ⅲ．①中国文化—青少年读物②中国戏剧—青少年读物③传统音乐—中国—青少年读物 ④古典舞蹈—中国—青少年读物 Ⅳ．①K203-49

中国版本图书馆CIP数据核字（2018）第008933号

社　　长：刘国辉

选题策划：连淑霞　　丛书责编：余　会　　营销编辑：刘　嘉

责任编辑：李　静　　版式设计：张　磐　　责任印制：魏　婷

出版发行：中国大百科全书出版社　　http://www.ecph.com.cn

社　　址：北京阜成门北大街17号　　邮政编码：100037

印　　刷：北京顶佳世纪印刷有限公司

开　　本：889mm×1194mm　1/16　　印张：2　字数：30千字

版　　次：2018年3月第1版　　2018年3月第1次印刷

ISBN 978-7-5202-0228-2　　定价：36.00元

寄语

非物质文化遗产世代传承，与人们的日常生活紧密相连，很多都表现为人们的生活方式和生产方式。在现代化进程中，虽然人们的生活方式和生产方式都在改变，但这些文化遗产中寄寓的人类的智慧、精神、情感，仍然是我们徜徉的精神家园，也是我们文化创新和文化自信的重要根基。习近平主席强调坚持文化自信，强调立足中华优秀传统文化，培育和弘扬社会主义核心价值观。我们更应珍视中华民族优秀的非物质文化遗产，要以自觉意识参与保护，从而在珍视和保护中细雨入心，以文化人，坚定文化自信。

《“遗”脉相承，老祖宗的传家宝》儿童绘本的出版，正是从儿童抓起，为儿童提供认知非物质文化遗产的图文并茂、形象生动的读物，在他们幼小的心灵里播下中华民族世代相传的文化的种子，厚植民族文化的基因。

《“遗”脉相承，老祖宗的传家宝》注重从核心思想理念、中华传统美德、中华人文精神三个层面挖掘探求非物质文化遗产内涵，并全面展示我国具有代表性的非物质文化遗产的鲜明特征及其传承发展的社会和自然生态环境。难能可贵的是，绘本深入浅出，化繁为简，捕捉灵魂，将非物质文化遗产的知识体系融入生动细致的手绘插画之中，让孩子们阅读起来既汲取知识，又可感受审美意趣。相信它的出版，会为儿童阅读带来乐趣，也会为孩子们认知非遗价值，学习非遗知识，唤起保护意识起到良好作用。

王文章

2018年2月8日

目录

京剧

“蓝脸的窦尔敦盗御马，红脸的关公战长沙，黄脸的典韦、白脸的曹操、黑脸的张飞叫喳喳……”一首《说唱脸谱》唱出了京剧艺术中不同面孔的人物形象。

京剧，又称平剧、京戏，是中国影响最大的戏曲剧种，被誉为中国的国粹。分布地以北京为中心，遍及全国。一提到《打渔杀家》《智取威虎山》等经典曲目，很多人都能唱上几句。

京剧

历史

清代乾隆五十五年（1790）起，原在南方演出的三庆、四喜、春台、和春四大徽班陆续进入北京，他们与来自湖北的汉调艺人合作，同时接受了昆曲、秦腔的部分剧目、曲调和表演方法，又吸收了一些地方民间曲调，通过不断的交流、融合，最终形成京剧。

申报时间：2006

申报类别：传统戏剧

申报地区：中央（中国京剧院）

北京市

天津市

……

2010 年，中国京剧入选联合国“人类非物质文化遗产代表作名录”。

现状

京剧是中国民族传统文化的重要表现形式，其中的多种艺术元素被用作中国传统文化的象征符号。但近年来随着社会的变迁，京剧艺术与当代人的审美距离逐渐加大，观众锐减，上演剧目萎缩，如何实现京剧的保护和振兴已成为一个亟待解决的课题。

角色行当

生：老生、武生、小生、红生、娃娃生

旦：青衣、花旦、刀马旦、武旦、老旦

净：正净、架子花、武二花、摔打花、油花

丑：文丑、武丑

生

旦

净

丑

脸谱

在京剧演员面部绘画，用夸张的色彩和图案，来表现人物的性格品质和容貌特征。主色一般象征人物的品质和性格。比如，红色表示忠诚勇敢，黑色表示严肃威猛，白色表示奸诈多疑等。演员一出场，就能根据脸谱判断出角色的忠奸善恶。

四大名旦

程砚秋

荀慧生

梅兰芳

尚小云

谭鑫培随机应变的故事

一次，戏班唱《辕门斩子》，扮演焦赞的演员未戴髯口，就上了场。台下观众一看，哄声不绝。演员心急如焚，又不能下台改装，直给扮演杨六郎的谭鑫培作揖。谭鑫培早知端倪，开腔问话，剧场马上平静下来。谭鑫培道：“小小孩童，你是何人？”经启发，这位演员马上应声：“启禀元帅，我是焦赞的儿子。”“你来做甚，叫你父来！”演员才得以下台，换上一个焦赞来。

很快，这件事就流传开来，谭鑫培的急中生智也受到了大家的一致称赞。

皮影戏

皮影戏，又称影子戏、灯影戏，是深受人们喜爱的戏剧艺术形式。在没有电视、电影的年代，人们借助灯光和人偶创造了这种声影结合的表演形式。

一张白色幕布隔出两个世界：幕后是艺人娴熟地操纵皮影人，幕前是入戏很深的观众。皮影人既能腾云驾雾又能打斗翻滚，一举一动栩栩如生，再配以乐器伴奏和说唱，小小的舞台却能演绎出《西游记》《白蛇传》等精彩大戏。

皮影戏

历史

皮影戏源于中国，始于西汉；清朝至民国初期发展到鼎盛时期。最初的影子戏大都与巫术、宗教等活动相关，后来渐渐演变为市民喜闻乐见的表演艺术。上至王公大臣，下至黎民百姓，都热衷于此。

申报时间：2006

申报类别：传统戏剧

申报地区：北京市（北京皮影戏）

黑龙江省（望奎县皮影戏）

四川省（四川皮影戏）

……

2011 年，中国皮影戏入选 “人类非物质文化遗产代表作名录”。

现状

中华人民共和国成立后，皮影戏在政府的扶持下重新复苏，并传播到世界许多国家和地区。如今，随着技术和审美水平的提升，皮影戏更加具有艺术魅力。

皮影的制作

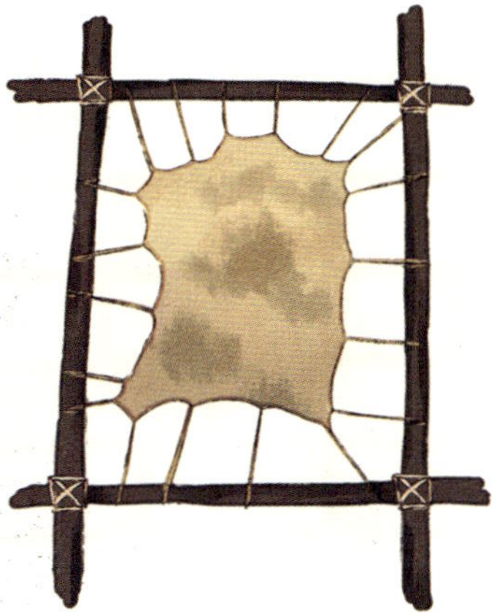

选皮 各地皮影的原材料有所不同，其中牛皮是目前中国市场上应用最广泛的材质。

制皮 牛皮的炮制方法有两种：一种是“净皮”，另一种是“灰皮”。

画稿 制作皮影时有专门的画稿，称为“样谱”，这些设计图稿世代相传。

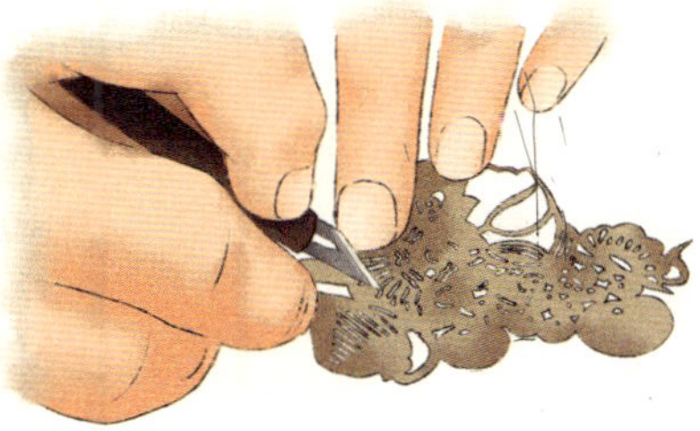

过稿 对成品皮进行适当的处理和设计后，用钢针把各部件的轮廓和设计图案纹样分别拷贝、描绘在皮面上。

镂刻 熟练运用各种刀具的不同用法雕刻图样。

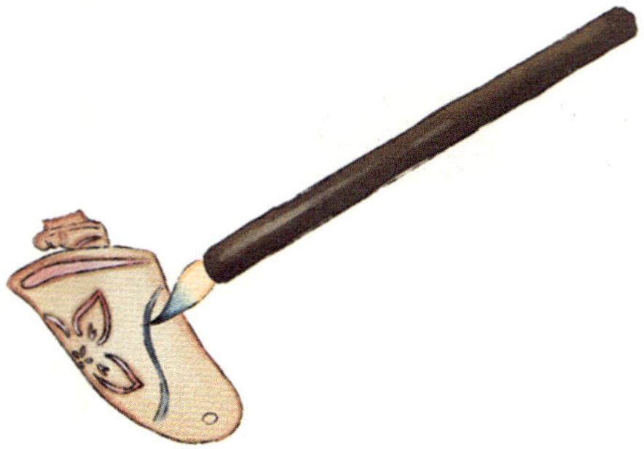

敷彩 用紫铜、银朱等炮制出大红、大绿、杏黄等颜色着色。

发汗熨平 敷色后还要给皮影脱水的工艺，关键在于掌握火候。

缀结完成 连接皮影各个部件的工艺。

唐山皮影戏

泰山皮影戏

北京皮影戏

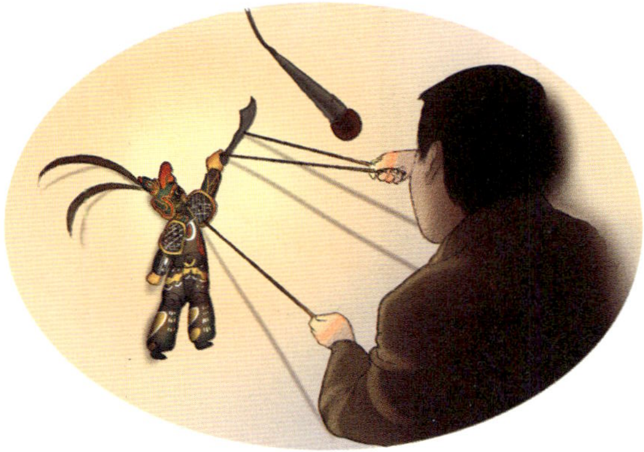

三根竹，一张皮，半张脸，半顶帽子，一只眼

皮影戏演出一般至少需要 3 人完成——2 人配乐、1 人表演。表演者在幕后双手操耍影偶，并表演说唱；灯光投到幕布上形成剪影。这种平面人偶表演突出的多是半张脸、半顶帽子、一只眼。虽然缺乏立体感，但形成了特殊的表现形式。

皮影的传说

两千多年前，汉武帝的爱妃李夫人生病去世了。汉武帝思念心切，终日神情恍惚，不理朝政。

一天，大臣李少翁出门，路上看见小朋友手里拿着布娃娃在玩耍。布娃娃的影子倒映在地上，栩栩如生。李少翁心中一动，回家用棉帛裁成李夫人影像，涂上色彩，并在手脚处装上木杆。到了晚上，他点上蜡烛，恭请汉武帝端坐帐中观看。汉武帝看罢龙颜大悦，就此爱不释手。

这个缠绵悱恻的爱情故事，也被认为是皮影戏的渊源。

琵琶艺术

“大弦嘈嘈如急雨，小弦切切如私语。嘈嘈切切错杂弹，大珠小珠落玉盘。”诗人白居易在《琵琶行》中，形象地表现了琵琶清脆的音质。

琵琶是拨奏弦鸣乐器的一种。它的名称很有趣，是根据弹奏时右手技法的不同而得——右手向前弹叫“琵”，右手向后挑叫“琶”。在我国古代，琵琶不仅在音乐史上占有重要的地位，而且在文学史、文化交流中影响深远。

琵琶艺术

申报时间：　2008

申报类别：　传统音乐

申报地区：　上海市（瀛洲古调派、浦东派）
　　　　　　浙江省（平湖派）

历史

琵琶是一种传统弹拨乐器，已有两千多年历史。秦汉至隋唐时期，琵琶是多种弹弦乐器的总称。在长期演变过程中，琵琶经历了由横抱拨弹到竖抱手弹的转型，唐代是横抱拨弹琵琶艺术发展的高峰时期。明清两代，琵琶艺人创编了大量大型套曲，形成了许多著名流派。

现状

20 世纪 30 年代，刘天华先生对琵琶进行大胆改革，首创六相十三品琵琶。新中国成立以后，琵琶的发展达到新的高峰。现在琵琶除用于独奏及民族管弦乐队外，还是江南丝竹、广东音乐、潮州弦诗、福建南音等乐种的主要乐器。

类型

圆形音箱的琵琶　相传在秦末筑长城时，人们将鼗鼓（即手摇鼓、拨浪鼓）安上弦，改造成为拨弦乐器，称“弦鼗”，后世又称秦琵琶。约在公元前105年，艺人们创造了另一种圆形音箱，有长柄，上架4根弦，有12个柱（即品），用手拨弹的乐器，称琵琶。相传汉代解忧公主曾将它带到西域，故又名汉琵琶。

半梨形音箱的琵琶　在350年前后由印度传入中国的北方，551年前又传到南方。因其头部向后弯曲，又名曲颈琵琶。因其经龟兹传来，又称龟兹琵琶。

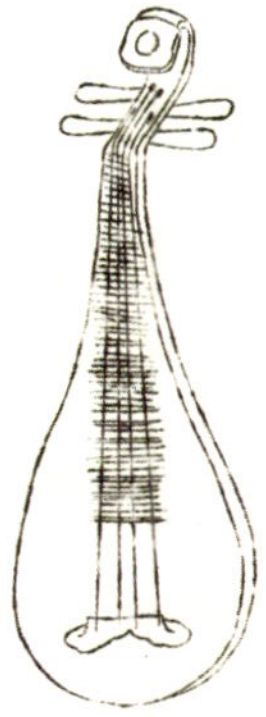

琵琶结构图

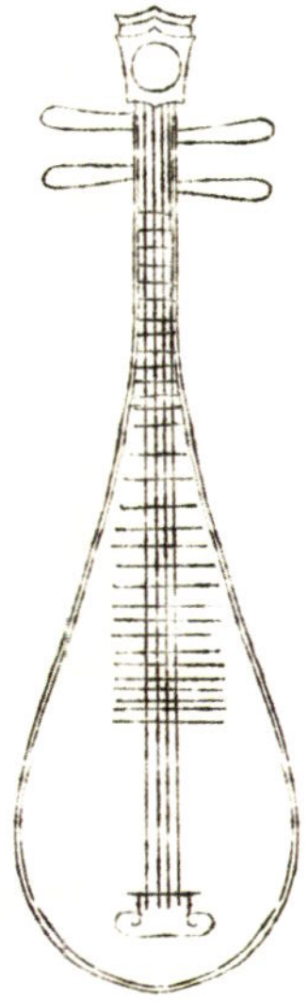

琵琶剖面图

琵琶剖面图（侧面）

琵琶曲

琵琶曲可分为大曲和小曲。

大曲又称大套，可分为三种：①多段结构、单一内容，如《十面埋伏》；②几个小曲连套，曲目可多可少，如《阳春古曲》；③《龙船》曲式，长期流传于民间。大曲有文武之分：文套主要表现文静细腻、柔和美妙的情趣，如《夕阳箫鼓》等；武套则表现威武雄健、豪放爽朗的气概，如《十面埋伏》。

小曲又叫小套，每曲通常68板，但偶尔也有例外，如华秋苹谱中的《平沙落雁》有128板。

天下第一琵琶

浦东派琵琶第三代传人陈子敬（1837 ～ 1891）曾被清廷召进京城为醇亲王传艺，受赐三品冠带，并得到“天下第一琵琶”的封号。

琵琶一曲获赏识

唐朝著名诗人王维小时候聪明过人，十五岁时便去京城应试。由于他能写一手好诗，擅长书画，而且还有音乐天赋，所以颇得岐王赏识。

有一次，他带王维去参加公主的奏乐宴会。王维用琵琶弹奏了一首预先写好的曲子，令在座的所有人都拍手叫好。公主虽然喜爱琵琶与音律，却不知道王维奏的是什么曲子。王维思索了一下，禀告说是《郁轮袍》。岐王顺势在一旁说王维马上要参加科举考试，如果公主可以向主考官张九皋推荐，那就万幸了。公主笑着点头应允。

后来，王维参加科举考试，果然中了个解元。

古琴艺术

“鸟栖鱼不动，夜月照江深。身外都无事，舟中只有琴。”深江小舟，琴声悠长，诗人白居易营造了一个静雅的月夜氛围。古琴，又称琴、七弦琴，位于中国传统文化四艺“琴棋书画”之首。古琴自古与文人雅士密切相连，具有深厚的传统文化意蕴。

古琴音色深沉静美、余音绕梁，用心聆听《广陵散》《平沙落雁》等名曲，有没有感受到宁静致远的意境呢？

古琴艺术

历史

古琴相传创始于史前传说时代的伏羲氏和神农氏时期。以目前考古发掘的资料证实，古琴作为一件乐器的形制至迟到汉代已经发展完备，其演奏艺术与风格经历代琴人及文人的创造而不断完善，一直延续至今。

申报时间：2006

申报类别：传统音乐

申报地区：中央（中国艺术研究院）

2003 年，中国古琴艺术入选 “人类非物质文化遗产代表作名录”。

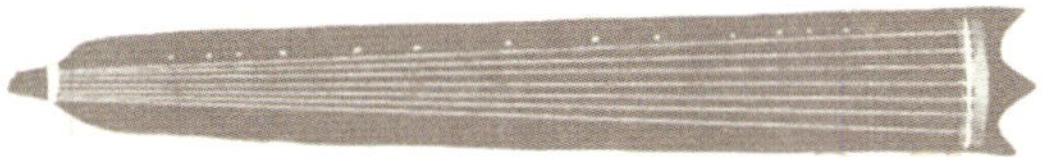

现状

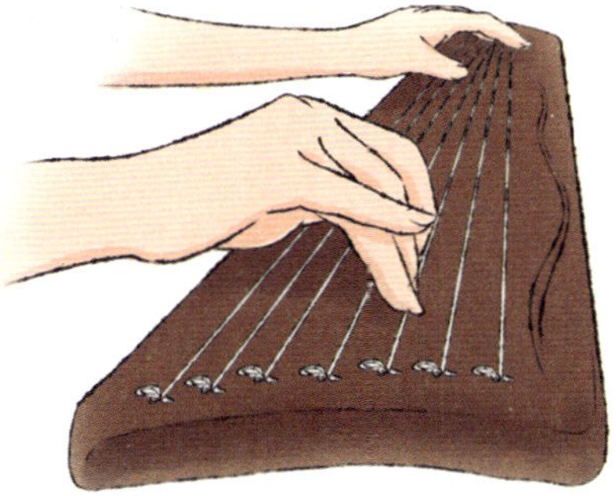

古琴作为人文修养的一种重要方式，本来是一种知识分子生活的艺术，而在近现代社会的剧烈变革尤其是政治和经济的变化浪潮中，其自然生态受到威胁，需引起社会相关层面的重视。

古琴分类

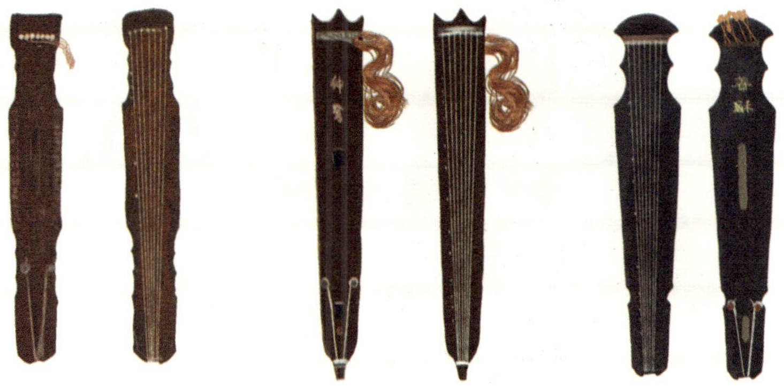

古琴造型优美，常见的为伏羲式、仲尼式、连珠式、落霞式、灵机式、蕉叶式、神农式等。主要是依琴体的项、腰形制的不同而有所区分。

古琴结构

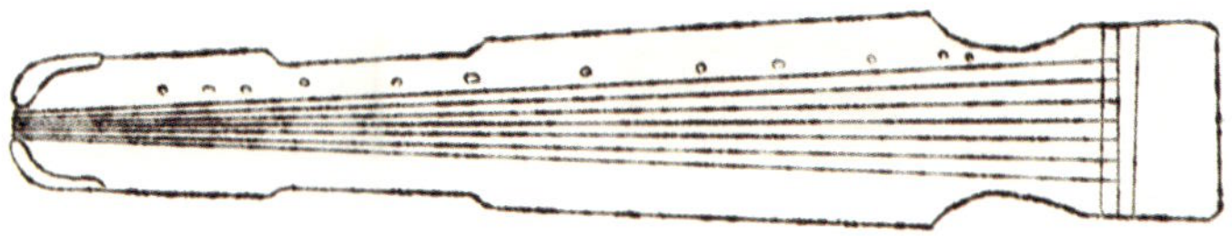

＊最早，古琴的整体形状是与凤身呼应，有头、有颈、有肩、有腰、有尾、有足。

＊长约 3 尺 6 寸 5 分（120 ～ 125 厘米），象征一年 365 天；宽约 6 寸（约 20 厘米）；厚约 2 寸（约 6 厘米）。

＊面板呈弧形，代表天圆；底板平面为方形，代表地方。即象征“天圆地方”。

*13 个琴徽，用来标识弦上泛音和按音音位，由粗到细、由外向内排列，代表一年 12 个月及闰月。

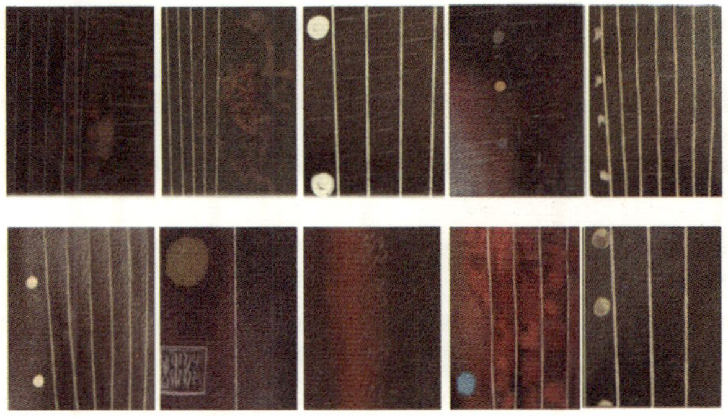

＊琴漆有断纹，如梅花断、牛毛断、蛇腹断、冰裂断、龟纹等，是古琴年代久远的标志。

＊音域为四个八度零两个音。有散音七个、泛音九十一个、按音一百四十七个。

文武七弦琴

古琴最初只有五根弦，内合五行，金、木、水、火、土；外合五音，宫、商、角、徵、羽。后来文王被囚于羑里，思念其子伯邑考，加弦一根，是为文弦；武王伐纣，加弦一根，是为武弦。合称文武七弦琴。

高山流水觅知音

春秋时代，有个叫俞伯牙的人，精通音律，琴艺高超，是当时著名的琴师。

一天晚上，伯牙乘船游览。面对清风明月，他思绪万千，于是弹起琴来，琴声悠扬，渐入佳境。忽然间，他听见岸上有人鼓掌叫绝。伯牙走出来，只见一个樵夫站在岸边。他当即请樵夫上船，兴致勃勃地为他演奏。伯牙弹起赞美高山的曲调，樵夫说道：“真好！雄伟而庄重，好像高耸入云的泰山一样！”当他弹奏表现汹涌澎湃波涛的曲子时，樵夫又说：“真好！宽广浩荡，好像看见滚滚的流水，无边的大海一般！”伯牙兴奋极了，激动地说：“知音！你真是我的知音。”这个樵夫就是钟子期。从此二人成了非常要好的朋友。

龙舞

在中国人心目中，龙被赋予了特殊的象征意义，是中华民族世世代代崇拜的图腾，是祥瑞之物。

龙舞，也称舞龙，民间又叫耍龙、耍龙灯或舞龙灯。逢年过节，全国各地会举办各式各样的舞龙活动，用来求雨祈福、欢庆节日和丰收。几十个舞龙人高举着“巨龙”，在龙珠的带领下，灵巧地扭、跳、翻、缠，犹如一条真正的巨龙时而腾飞时而低潜。充满气势的锣鼓声、鞭炮声，更把喜庆的节日气氛推向高潮。

龙舞

申报时间：2006

申报类别：传统舞蹈

申报地区：上海市（舞草龙）

重庆市（铜梁龙舞）

辽宁省（金州龙舞）

……

历史

龙舞历史悠久，早在商代的甲骨文中，就已出现以数人集体祭龙求雨的文字；汉代董仲舒《春秋繁露》的记录中已有明确的各种舞龙求雨的记载；此后历朝历代的诗文中记录宫廷或民间舞龙的文字屡见不鲜。

现状

龙舞是华夏精神的象征，它体现了中华民族团结合力、奋发开拓的精神面貌，包含了天人和谐、造福人类的文化内涵，在全国各地和各民族间广泛分布，其形式品种的多样，是任何其他民间舞都无法比拟的。

草龙

布龙

分类

草龙 用稻草、竹、木片、树杈等扎制而成。稻草为“五谷之王”，以之扎草龙，寓意五谷丰登。

布龙 龙头与分段的龙身，都用布连接，上面绘制成龙形，表演人数根据龙形长短而定。

火龙 在每节道具内燃烧蜡烛，于夜间表演，同时燃放爆竹助兴。

活动中舞的龙从色彩上可分为黄、白、青、红、黑等，以黄龙最为尊贵。

表演程式

“请龙”“出龙”“舞龙”“送龙”等。

动作

圆曲

翻滚

绞缠

穿插

蹿跃

……

火龙

泸州雨坛彩龙

辽宁金州龙舞

湛江人龙舞

南方龙舞　精巧细致，活泼敏捷。

北方龙舞　高大粗重，古朴刚劲。

民间有“七八岁玩草龙，十五六耍小龙，青壮年舞大龙”的说法。

百叶龙的传说

相传很久以前，长兴的天平村里有个荷花塘，每到夏天，碧绿的荷叶和粉红的荷花都会覆盖整个池塘。池塘边住了两户人家，一家有个儿子叫百叶，另一家有个女儿叫荷花。两人青梅竹马，长大后结为夫妻。不久，荷花生下一个儿子。令人惊奇的是，孩子的腋下有龙鳞，大家都说是龙种。族长非常生气，杀死百叶，抢走荷花，还挥刀砍向孩子……说时迟，那时快，孩子化作一条小龙腾空而起。

飞上天的小龙不仅没有怨恨，反而每逢干旱就来降雨，天平村年年五谷丰登。村民们为表达对小龙的愧疚和感激，就从池塘中采来荷花，精心制作了一条龙，取其父名——百叶龙。

秧歌

秧歌是一种民间歌舞，具有广泛的群众基础。有人说秧歌起源于古代农民在插秧、拔秧时所唱的歌曲，此外还有多种说法，但都与农民的农事劳动有关联——在劳动步法的基础上，进行了艺术化加工。

秧歌流传于全国各地，尤以北方盛行。每逢过年过节，秧歌队穿着鲜艳喜庆的民族服饰，挥舞着手绢、扇子等道具，敲锣打鼓地组织演出，表现了劳动人民对美好生活的向往。

秧歌

申报时间：2006
申报类别：传统舞蹈
申报地区：河北省（昌黎地秧歌）
辽宁省（抚顺地秧歌）
陕西省（陕北秧歌）
……

历史

秧歌历史悠久，早在南宋就有了记载，发展到明清时期达到鼎盛。它源于插秧耕田的劳动生活，同时与古代祭祀农神、祈求丰收、祈福禳灾时所唱的颂歌、禳歌有关。在长期发展过程中，秧歌不断吸收民歌、武术、杂技、戏曲等民间艺术的形式技巧，由一般的演唱发展为集体性的歌舞表演。

现状

秧歌是中国北方最具代表性的民间舞种之一，既有表演性的，也有自娱性的，深受老百姓的喜爱。但在农村经济快速发展、文化环境随之发生变化的今天，能够掌握传统秧歌技艺和纯正舞蹈风格的民间艺人已寥若晨星，保护和传承工作亟待进行。

分类

地秧歌　徒步在地面上歌舞。

高跷秧歌　双腿绑在高跷上歌舞。

表演程式

舞蹈　开头和结尾为大场，中间穿插各种小场。

小场为两三个人的舞蹈和歌舞小戏表演。

大场是集体舞，由一两名领舞者率领秧歌队边舞边走出各种队形图案。

音乐　有小场演唱、锣鼓打击乐、唢呐吹奏。后两部分主要用于伴舞。

演唱　领唱秧歌（又名“小秧歌”）与“走戏调”。开场时由秧歌头一人演唱小秧歌，诙谐风趣，起开场曲的作用。走戏调是边舞边唱，大多是从小调中移植过来的独立小曲，结合舞蹈，在尾句前后加入锣鼓过门。

陕北秧歌

河北地秧歌

辽宁盖州高跷秧歌

“稳中浪、稳中逗、稳中俏”的东北秧歌

东北秧歌以演唱秧歌小曲为主，带故事的小戏较少。一般由一人领唱，众人和。舞蹈包括大鼓秧歌、小鼓秧歌和地秧歌三大类。表演分花场、小场、唱喜歌、对歌等程序。伴奏乐器除唢呐、锣鼓外，还有二胡、笛子、竹板等。东北秧歌泼辣、风趣、热情、爽朗，气氛热烈，节奏鲜明，动作丰富，表现力强。

汾阳地秧歌的传说

唐朝时，栗家庄、田村、石塔、堡城寺一带，是汾阳王郭子仪的饷田，也就是皇上赏赐的食邑田。堡城寺村过去曾叫郭太尉庄，太尉即朝中高官的爵位。

唐太宗时，四海平定，天下归心。皇上闲暇无事时，便常看太监、宫女、侍卫们在一起表演一种叫秧歌的打击乐游戏。秧歌队共有十二人参加，称为十二角身。四个磕花棒的、四个打鼓的、四个筛锣的。磕花棒的由侍卫们装扮，打鼓的由太监们装扮，筛锣的由宫女们装扮。

郭氏家族中没能当上官的人，纷纷在栗家庄盖起了房子，管理这片饷田。这些原在西京长安生活的人，来到汾阳后，把宫廷中的秧歌也带到了栗家庄。秧歌从此在这一带流传开来。